THÈSE

POUR

LA LICENCE.

THÈSE

POUR

LA LICENCE

En exécution de l'Article 4, Titre 2, de la Loi du 22 Ventôse an XII.

SOUTENUE

Par M. BACON (A.-Rémy),

Né à Labouheyre (Landes).

TOULOUSE,

Typographie Troyes OUVRIERS RÉUNIS,
Rue Saint-Pantaléon, 3.

1856.

A LA MÉMOIRE DE MA MÈRE;

A MON PÈRE,

A TOUS MES PARENTS ET AMIS.

Jus Romanum.

De rei uxoriæ actione.

(Cod. Lib. V , Tit. XIII. — Inst. Just. Lib. IV , Tit. VI , § 27.)

Ut percipiamus hanc actionem , intelligendum est quomodò dos
institueretur , et quibusbam modis repeti posset. Dos erat *dicta* , sci-
licet dictione vel solemni promissione constituta , sine antecedente
interrogatione; facta marito vel *stipulata* , cùm stipulationem , vel in-
terrogationem , firmaret promissione consentanea constituens ; vel data
cùm res dotis mancipio datæ aut translatæ erant. Dicebatur etiam *pro-*

fectitia, vel *adventitia* proüt nascebatur, primo casu, ex patre aut ex avo paterno, aut alio in loco eorum agente; secundo casu, ex matre aut quocumque. Dos profectitia redibat constituenti si per matrimonium moriebatur uxor; dos *adventitia*, primùm marito relicta, si forte interiret uxor et si stipulationem contrariam non faceretur, Justiniano imperatore relicta fuit uxoris hæredibus. Si matrimonium uxore vivente dirimebatur, utcumque res ceciderit, dos uxori vel ejus hæredibus redibat. Ut dos data aut promissa solùm modò erant formulæ universales juris civilis, constitui poterant omni cive.

Sed principiò, quædam personæ tantùm, indicatæ lege, instituere dotem *dictam* poterant. Etquidem invenimus in fragmentis Vaticani : dotem dicere potest mulier quæ nuptura est, et debitor mulieris, si jussu ejus dicat ; (item) parens mulieris virilis sexus, per virilem sexum cognatione junctus, velut pater, avus paternus. *Dare, promittere* dotem, omnes possunt.

Sub Justiniano, omnia discrimina removentur ; constituendi dotem data est omnis facilitas, imò hoc publici ordinis principium habetur, ut dos feminæ conficiatur, et illæ datur actio in parentes, hoc si non fecerint ; accepta à femina dote, salvam hanc facere conantur, ut videbimus, quolibet modo. Hoc enim in principio ponitur præceptum : « Reipublicæ interest, mulieres dotes salvas habere, propter quas nubere possint. »

De actionibus ad dotem pertinentibus, aliquæ verba nunc dicamus. Illas discernere oportet quæ ad hoc tendunt, ut qui dotem promiserunt, hanc solvere cogantur, et illas quæ ad hoc tendunt ut, dissoluto matrimonio, dos reddatur à marito qui eam accepit. Quum de prioribus agitur, nullæ actioni dos dat locum, quoniam illam maritus acceperit ;

sed sit de dote *dicta* et *stipulata* agatur , quædam condictio nascitur quæ actio ex *stipulatu* appellatur.

Quùm verò de dote , post matrimonii dissolutionem , recuperanda agebatur , duæ erant actiones : Nihil si partes convenissent , illæ quibus recuperationem exercendi jus erat , actione rei uxoriæ uti debebant , quæ communis erat actio ad omnes dotis constitutiones pertinens. Sed aliquandò fiebat ut de marito expressè dotis restitutio exigeretur , si eveniret recuperatio. Quæ , cùm ita essent , hac ex stipulatione oriebatur actio ex *stipulatu* ad dotis restitutionem. Duabus illis actionibus quæ sunt propriæ studeamus , quas in unam Justinianus collegit.

Actio rei uxoriæ *bonæ fidei* erat , his verbis designata « *quod æquiùs melius* ; » omnia judex expendere debebat , tunc *arbiter* potiùsquàm *judex* erat. Hac actione si teneretur maritus , illi licebat de dote diversa retinere , usu consecrata ; quæ pondere , numero , aut mensurâ æstimari poterant , solùm per tres annos , et partem quocumque anno effuso , restituere ; sed extemplò res *certas* quæ illi dotis constitutione venditæ non fuerant ; competentiæ beneficium apponere , id est solummodò condemnari « *quantùm facere potest.* » Femina autem hanc actionem hæredibus transmittere nequebat , nisi exacta illa conditione , ut in morâ esset maritus ; et ex edicto de *alterutro* appellato , recuperationes , cum liberalitatibus marito factis , cumulare non poterat.

Actio verò de *stipulatu* erat stricto jure , in maritum acerrima , et illi qui restitutionem exposcebat secundissima. Maritus nec retentionem exercere , nec moram petere , nec competentiæ beneficium opponere poterat. Stipulantis hæredibus redibat actio , in omni rigore , et feminæ , post maritum viventi , cumulare licebat quod ab edicto de alterutro defendebatur.

Has duas actiones Justinianus in unam fecit, sub nomine actionis *ex stipultatu* et diversa commoda conciliavit. Quæcumque sit dotis origo, quocumque modo dissolvatur matrimonium, exerceri recuperatio poterit, quasi esset stipulatio, sive ab ipsâ feminâ, sive ab hæredibus; sed maritus competentiæ beneficium conservabit, et totius anni tempus erit ut dotalia restituat, præter immobilia; namque actio *ex stipulatu*, bonæ fidei deinceps erit. Denique Justinianus, ut magis validam dotem faceret, tacite hypothecam feminæ dedit, cui afferebatur privilegium, super omnia mariti bona, omnes alias anteriores hypothecas anteuntem, quæ quidem nepotibus femina transmitti poterat. Aliis verò feminæ hæredibus communi tantùm juris civilis in hypothecam succedere permissum erat.

Code Napoléon.

Des Priviléges et Hypothèques.

LIV. III , TIT. XVIII.

Dispositions générales.

L'art. 2092, au titre des hypothèques, commence par poser ce pricipe : « Quiconque s'est obligé personnellement est tenu de remplir son engagement sur tous ses biens mobiliers ou immobiliers , présents et à venir. » C'est là une disposition d'ordre public presqu'indispensable pour garantir le repos de la société ; car il serait parfaitement inutile que les droits pussent s'établir , si la loi n'en assurait pas l'exercice , l'exécution. Seulement, le principe posé par le législateur dans l'art. 2092 est un peu incorrect et vague, et nous le corrigerons ainsi : quiconque *est obligé* personnellement, est tenu de remplir son obligation sur tous ses biens mobiliers ou immobiliers , corporels ou incorporels , présents et à venir, pourvu que ces biens soient aliénables , cessibles et saisissables , qu'ils se trouvent en sa possession , ou qu'ils n'en soient sortis que par fraude. Toutefois , ce droit de gage général consacré par cet article, doit résulter , non-seulement d'une obligation *personnelle* , mais *directe* du débiteur , car nous savons que le détenteur d'un immeuble grevé d'hypothèque sera libéré , en abandonnant cet immeuble aux créanciers qui n'auront aucun. droit sur ses biens propres ; nous savons aussi que les biens de l'héritier bénéficiaire ne sont nullement le gage des créanciers de la succession.

Ce droit général, qui porte sur tous les biens, peut être limité par les parties , et cette convention devra suivre son effet ; car elle n'a rien d'illicite. S'il n'est pas limité , il existe dans sa généralité, même à l'égard des personnes qui n'ont pas une entière capacité par rapport à la disposition de ces biens. Ainsi, nous croyons que les immeubles de la femme séparée de biens garantiront les obligations que la femme aura contractées dans l'étendue des pouvoirs que lui donne la loi pour l'administration de ses biens.

Mais comment les créanciers exerceront-ils ce droit de gage ? D'après l'art. 2093 , les créanciers viendront en masse et toucheront le prix de leurs créances par contribution ; de sorte que cet article ne fesant aucune distinction , il en résultera qu'en cas d'insuffisance , de déconfiture du débiteur , celui qui possédera sa créance depuis dix ans, n'aura pas plus d'avantages , plus de droits que le créancier d'un jour. Ce droit de gage ainsi établi, nous offre donc une garantie bien imparfaite ; mais le même article 2093 nous en fait connaître une autre , car il nous dit qu'il peut y avoir entre les créanciers des causes légitimes de préférence et l'art. 2094 nous apprend que ces causes légitimes de préférence sont *les priviléges* et *les hypothèques.*

Nous voyons par là que les garanties les plus sûres se trouvent dans les *sûretés hypothécaires* , et un examen superficiel suffira pour nous en convaincre. Qu'est-ce , en effet, qu'un système hypothécaire ? C'est un système qui a, ou qui doit avoir pour but : 1o de garantir au créancier la sûreté de sa créance ; 2o de conserver le crédit du débiteur ; 3o de laisser aux biens une légitime circulation. Concilier ces intérêts si divers, voilà le problème que doit résoudre une bonne législation hypothécaire.

Jetons un coup-d'œil sur le passé et tâchons de découvrir à quel moment a été trouvée la solution de notre problème.

Nous découvrons en Grèce l'origine de l'hypothèque, mais dans tout son vague, dans toute son incertitude : un poteau était placé au milieu des terres et indiquait que l'immeuble était grevé. Nous n'avons pas besoin de signaler l'insuffisance de cet usage. Rome, qui d'abord avait imité la Grèce, essaya de créer un système ; mais elle agit sans méthode. Elle confondit d'abord le gage et l'hypothèque, appliqua ensuite l'hypothèque aux meubles comme aux immeubles présents et à venir, n'exigea aucune publicité, de sorte que les tiers ne pouvaient pas acquérir une garantie sûre, l'hypothèque étant générale et secrète.

La publicité de l'hypothèque fut établie dans le nord de la France, par les pays de saisine. Dans les autres pays on adopta le système Romain, avec cette différence que les immeubles seuls pouvaient être hypothéqués ; dans quelques endroits particuliers, on permettait encore l'hypothèque sur les meubles, mais avec un droit de *préférence* seulement, et non un droit de suite. De plus, l'hypothèque, qui, à Rome, pouvait résulter d'un pacte, ne put être établie en France que par acte public, ou par acte privé reconnu en justice, mais comme à Rome, l'hypothèque était générale de plein droit.

Sully, Colbert, firent de vains efforts pour en établir partout la publicité. En 1771 on essaya d'organiser un moyen de purge, mais il n'y avait encore rien de positif. Enfin la révolution de 1789 arrive tout-à-coup et fait jaillir deux grandes lois : celle du 9 messidor an III, qui ne reçut presque pas d'exécution, et celle du 11 brumaire an VII.

La première posa comme base le grand principe de la publicité, mais elle laissa subsister la généralité, le caractère indéterminé de l'hypothèque ; de plus elle permit de prendre des hypothèques sur soi-même et donna naissance à un système désorganisateur qui permettait à tout individu de prendre des cédules sur lui-même pour les trois-quarts de ses biens, de les négocier et de risquer ainsi son patrimoine.

Nous arrivons à la loi du 11 brumaire an VII, véritable point de départ de notre système. Elle abolit les hypothèques sur soi-même, exigea la *publicité* non-seulement pour les charges hypothécaires, mais aussi pour tout droit translatif de propriété, créa la *spécialité* de l'hypothèque qui ne fût plus de plein droit générale, et enfin organisa avec beaucoup d'intelligence un système de *purge*.

Qu'a fait le Code? Ici nous trouvons en présence les partisans de la loi du 11 brumaire an VII, et ceux qui regardaient la publicité comme dangereuse pour le débiteur. Chacun montra la même opiniâtreté dans la lutte, et il résulta de la discussion qu'on n'admit plus la publicité pour les actes translatifs de propriété, mais on la maintint pour les charges hypothécaires, sauf quelques exceptions pour les mineurs et les femmes mariées qui purent exercer leur hypothèque sans inscription. A part ces modifications, la loi de l'an VII fut maintenue. Tel est le système du Code. A ce système vient se rattacher la loi du 23 mars 1855, qui est venu faire revivre l'obligation de la publicité pour tout droit translatif de propriété, et imposer à la veuve, au mineur devenu majeur, à l'interdit relevé d'interdiction, de prendre inscription dans l'année qui suit la dissolution du mariage ou la cessation de la tutelle, sous peine de voir leur hypothèque ne prendre rang à l'égard des tiers que du jour des inscriptions prises ultérieurement.

Ce système dont nous venons d'établir les bases, malgré les vives réclamations qu'il excite encore dans son application, a résolu le problème que nons avons posé :

1º Il garantit la sûreté des tiers, par la *publicité*, par le droit de *préférence* et le *droit* de *suite*, qu'a le créancier sur l'objet affecté à la garantie de l'obligation ;

2º Il conserve le crédit du débiteur en lui laissant ses biens;

3º Il assure la légitime circulation des biens, en ce que les tiers peuvent parfaitement connaître l'état où ils se trouvent, et se mettre à l'abri

de la dépossession que pourraient exercer contr'eux les créanciers hypo-
caires ou privilégiés, en *nettoyant* l'immeuble de toutes les charges qu'il
supporte, c'est-à-dire, en accomplissant les formalités de la *purge*.

Voilà comment le système hypothécaire est supérieur à tout autre
système de garantie.

Des biens susceptibles de priviléges et d'hypothèques ?

Pour qu'un bien soit susceptible de *privilége* ou d'*hypothèque*, il faut
qu'il soit dans le commerce; l'art, 2118 qui le formule pour les immeubles, est applicable aux meubles. Mais tous ceux qui se trouvent dans
cette catégorie, ne sont pas pour cela susceptibles de privilége et d'hypothèque. Ainsi, tandis que les *meubles* comme les *immeubles* peuvent
être l'objet d'un privilége (2099), les *meubles* ne peuvent être hypothéqués. L'art. 2119 qui établit ce dernier point est conforme à la tradition
française, jusques dans son texte, car nous retrouvons la même prohibition, dans les mêmes termes, au titre 8 de la *coutume de Paris*.
De plus, parmi les immeubles qui sont dans le commerce, il n'y en a
que certains qui peuvent être affectés hypothécairement; l'art 2118, quoique édicté seulement pour les immeubles, est encore ici applicable aux
meubles qui, en matière immobilière, ne sont que des *hypothèques privi-
légiées*.

D'après l'art. 2118, on pourra hypothéquer des immeubles par nature,
et des immeubles par destination, et d'une manière distincte l'usufruit de
ces mêmes biens. Mais cette énumération est incomplète, et on ne s'ac-
corde pas pour savoir jusqu'à quel point elle est exclusive de tous les
immeubles qui n'y sont pas compris. Nous croyons par raison d'*à
fortiori* que le droit *réel d'emphythéose* pourra être hypothéqué, car c'est
plus qu'un usufruit, c'est un droit de quasi-propriété. Il résulte de la
loi du 21 avril 1810, art. 19, qu'une mine dont l'exploitation a été con-
cédée pourra être hypothéquée indépendamment de la surface, etc.

Peut-on hypothéquer le bien d'autrui? Non; l'art. 2059 frappe de la même peine que le stellionataire celui qui a hypothéqué un immeuble dont il savait n'être pas le propriétaire; il va plus loin, il regarde comme stellionataire celui qui présente ses biens comme libres lorsqu'ils sont hypothéqués, ou qui déclare des hypothèques moindres que celles dont ses biens sont chargés. — Mais il est permis à un tiers d'hypothéquer son propre bien dans l'intérêt du débiteur (arg. 2077); nous ferons remarquer que ce tiers ne sera pas alors engagé d'une manière directe, personnellement, qu'il n'y aura que son immeuble d'engagé, et qu'il pourra se libérer en le délaissant.

Des privilèges sur les immeubles et de leur classement.
(Chap. 2. — Section ii.)

Il peut y avoir sur les immeubles des privilèges *généraux* et des privilèges *spéciaux*. Les privilèges qui embrassent la généralité des immeubles sont les mêmes que ceux qui s'étendent sur les meubles; ils sont énoncés dans l'art. 2101, et nous les parcourrons ci-après lorsque nous nous occuperons de leur classement. — Les privilèges *spéciaux* sont indiqués par l'art. 2103 au nombre de cinq : 1o Le privilège du vendeur; 2o celui des prêteurs de fonds pour l'acquisition d'un immeuble; 3° celui des cohéritiers; 4o celui des architectes, entrepreneurs, maçons et autres ouvriers; 5o celui des prêteurs de fonds pour payer ou rembourser les ouvriers. — Ces cinq privilèges nous paraissent pouvoir se réduire à trois principaux : le 1er, le 3e et le 4e; car les deux autres se confondent dans le 1er et le 4o, ils ne sont qu'une conséquence de la subrogation conventionnelle consacrée par l'art. 7250 no 2; au lieu d'être exercés par le créancier primitif, ils le sont par son ayant-cause; nous les examinerons donc sous un seul point de vue, après nous êtres occupés des trois privilèges principaux. Avant d'entrer dans la matière, nous poserons comme *base générale* de ces privilèges, qu'ils résultent de ce que le créancier a mis ou conservé l'objet affecté dans le patrimoine du débiteur; ils ont, en outre, des bases spéciales que nous verrons dans chaque espèce.

I. — *Privilége du vendeur.*

L'art. 2103 commence par nous indiquer le *privilège du vendeur.* La base spéciale de ce privilège est que le vendeur est supposé ne s'être dessaisi qu'en vue du prix qui devait lui être payé. C'est ce qui existait en pays de droit écrit ; on considérait même le vendeur non payé comme n'ayant transmis qu'un droit précaire à l'acquéreur. On s'habitua par là à désigner sous le nom de *précaire* le privilège du vendeur.

Qui peut se prévaloir de ce privilège? La loi ne le donne qu'au vendeur ; mais comme elle a principalement en vue de sauvegarder la transmission de la propriété, nous étendrons le privilège à toute convention qui aura le caractère et les effets de la vente ; par exemple : au créancier d'une soulte résultant d'un échange d'immeubles ; car nous considérons comme vente dans ce cas, quoique ce ne soit pas exprimé, l'augmentation de valeur d'un immeuble sur l'autre. Mais s'il n'y avait pas de soulte, que les deux immeubles eussent la même valeur, il n'y aurait aucun privilége ni pour l'un, ni pour l'autre, quand même l'un d'eux viendrait à être évincé.

Pour quelles créances ce privilège existe-t-il? L'art. 2103 nous répond pour le *paiement du prix.* Il faut donc qu'il y ait un prix dû, en totalité ou en partie, que l'acte (soit authentique, soit sous seing privé, car la loi ne distingue pas) mentionne que ce prix est dû ; que le prix ne soit pas exagéré, car alors la preuve serait admise pour faire restreindre le privilège dans les limites du prix réel; que le vendeur n'ait pas donné de quittance anticipée, car par là il éteindrait l'existence du privilège. Nous croyons cependant que si le vendeur donnait quittance dans l'acte à la condition que l'acquéreur lui souscrirait des effets de commerce, il conserverait son privilège, car les tiers ne pourraient se plaindre, ils auraient été prévenus.

De quoi se compose le *prix?* Selon nous, le privilège garantira le capital, tous les intérêts, sans application de l'art. 2151, fait seulement pour les hypothèques .et qui ne conserve que deux années d'intérêts et les intérêts de l'année courante ; il comprendra aussi le coût de l'acte, les frais de transcription lorsque le créancier les aura payés ; les frais de poursuite s'il y a lieu, mais il ne s'étendra pas aux dommages-intérêts pour inexécution du contrat, car ils sont hors du prix et de l'obligation principale, et ne donnent lieu qu'à une action personnelle et non privilégiée.

Le privilége étant spécial, le vendeur ne pourra l'exercer que sur l'immeuble vendu ; mais, à défaut de paiement, pourra-t-il aussi exercer l'action en résolution de la vente, aux termes de l'art. 1654 ? Sous le système du Code, ces deux droits étaient parfaitement distincts, et le créancier pouvait exercer son action en résolution, bien qu'il eût perdu son privilége. Cette conséquence parfaitement juste entre les parties, a été modifiée par la loi du 23 mars 1855 sur la transcription, en ce qui touche les tiers dont elle froissait quelquefois des droits très-légitimement acquis. Aujourd'hui l'action résolutoire de l'art. 1654 est attachée à la conservation du privilége et ne pourra être exercée après l'extinction de celui-ci au préjudice des tiers qui auront acquis des droits sur l'immeuble vendu. — Ainsi, le droit du vendeur restera le même par rapport aux parties ; mais s'il y a des tiers intéressés, qui seront en général des acquéreurs subséquents ou des tiers hypothécaires, l'extinction du privilége amènera la déchéance de l'action résolutoire du vendeur.

II. — *Privilége des cohéritiers et des copartageants.*

Ce privilége ne semble pas en harmonie avec la nature du partage qui, sous le Code, est déclaratif et non attributif de propriété. Mais si on consulte l'équité, si, en partant de ce principe reçu que l'égalité est de l'essence du partage, que la spéculation en doit être bannie, on considère que le partage en parts égales ne pourra pas toujours se faire, et qu'il faut cependant garantir les soultes pour que l'égalité ne soit pas rompue et que le partage puisse se soutenir ; on trouvera très juste cette base spéciale du privilége établi en faveur des soultes ou retour des lots sur les immeubles qui les doivent. Nous étendrons par analogie ce privilége à un copartageant quelconque, soit de communauté, soit de société, etc. (2109 , 1476 , 1872 , 1075 et suiv. — Il est entendu que les biens atteints par ce privilége sont tous les immeubles faisant partie du partage. Mais quelles créances devront-ils garantir ? — Pas de difficulté pour les soultes et retour des lots ; l'art. 2103 s'en explique ; il en sera de même pour le prix de licitation, nous le voyons dans l'art. 2109. Mais nous n'étendrons ce privilége aux intérêts des soultes ou retour des lots , que lorsqu'ils auront été stipulés par les parties. Nous voyons aussi que ce privilége s'étend à toute espèce de créances de la succession , que *tous* les immeubles sont grevés , et nous ajouterons que chaque copartageant primera tous les créanciers hypothécaires personnels de chacun des autres , relativement à ces immeubles.

III.—*Du privilége des architectes, entrepreneurs, maçons et autres ouvriers.*

Ce troisième privilége spécial sur les immeubles nous vient du Droit Romain. Il est établi seulement sur la *plus-value* que l'édification , la reconstruction ou la réparation a donnée à l'immeuble. Si la créance des personnes que nous venons de nommer est supérieure à la plus-value , ce qui arrivera très souvent , elles n'auront pas de privilége pour l'excédant contre le débiteur. Il n'y aura que les travaux qui se rattachent aux édifications, reconstructions , réparations qui puissent donner lieu à ce privilége , quoique la loi dise ouvrage quelconque, et cela pour deux raisons : 1° parce qu'il n'en était pas ainsi en Droit Romain , où nous avons puisé ce privilége ; 2° parce que la loi a formulé des règles pour d'autres ouvrages, ce qui eût été inutile , si l'art. 2103 avait pu leur être appliqué. Cet article exige, pour que ce privilége puisse être exercé , qu'un expert nommé d'office estime les immeubles avant les travaux, et dans les six mois de leur perfection. On trouve ainsi la plus-value qui doit encore être réduite , si, au moment de la vente, l'immeuble vaut moins qu'après la construction, sans qu'elle puisse être aug-

mentée si l'mmeuble a pris une plus grande valeur. Ces formalités d'ex-
pertise rendent ce privilége presque inutile.

Priviléges des bailleurs de fonds. (Art. 2103—2º et 5º).

Ce privilége se confond , comme nous l'avons dit , avec le 1er et le 4e
par l'effet d'une subrogation parfaitement licite et usitée.

Ces deux privilèges, qui viennent ainsi en sous-ordre, sont parfaitement
identiques au fond : c'est toujours un ayant-cause qui vient à la place du
créancier primitif. Les tiers ne peuvent pas se plaindre, car ils seraient
toujours primés. Il faudra , néanmoins, avoir bien soin de se conformer
aux formalités de l'art. 2103 , qui ne fait que reproduire le nº de l'art.
1250 , C. N.

Classement des privilèges sur les immeubles.

Nous n'aurons pas ici la même difficulté que pour les meubles, car la
loi s'en est plus occupée. Nous placerons en première ligne les privilèges
généraux de l'art. 2101 , lorsque les créanciers ne seront pas payés sur
le mobilier ; puis viendront les privilèges spéciaux de l'art. 2103 , qui
priment d'après un texte de loi un privilège général attribué au Trésor
public sur les immeubles des condamnés pour le recouvrement des frais
de justice. Nous placerons ensuite l'effet du privilège spécial du trésor
public et celui du trésor de la couronne sur certains immeubles des
comptables ; car les textes qui les ont créés les classent après les créanciers indiqués dans l'art. 2103. Quant aux privilèges de l'art. 2103
entr'eux , nous pourrons appeler d'abord les architectes, entrepreneurs et
ouvriers sur la *plus-value* résultant de leur création , puis le vendeur et
le copartageant suivant l'autorité de leurs titres respectifs. Il est d'ailleurs
inutile de nous préoccuper de ces derniers entr'eux , car ils ne pourront
jamais se trouver en conflit. En effet, le privilège du vendeur et celui des
copartageants sont identiques par leur nature , l'un et l'autre ayant pour

base et pour objet des *aliénations* qui ne peuvent pas être simultanées ; et le 3e ne peut pas venir en opposition avec ceux-ci, puisqu'il porte sur une partie distincte de l'immeuble, la *plus-value*. Quant aux bailleurs de fonds, ils seront naturellement classés au rang des créanciers privilégiés avec lesquels nous les avons confondus. Enfin, nous compléterons le classement par l'application de cette règle établie par l'art. 2097 : « Les créanciers privilégiés qui sont dans le même rang seront payés par concurrence. »

Il ne nous reste plus qu'une seule question à traiter, c'est le cas de plusieurs ventes successives où le prix est dû en tout ou en partie. D'après l'art. 2103, le premier vendeur est préféré au second, le deuxième au troisième, etc.

Ce principe est modifié par la loi du 23 mars 1855, sur la transcription. Le privilège ne sera conservé dans cet ordre que lorsque tous les créanciers auront fait transcrire l'acte de vente ou qu'aucun ne l'aura fait. Mais s'il y avait concours entre plusieurs créanciers dont un seul aurait rempli les formalités de la transcription, celui-là serait préféré à tous les autres.

QUESTIONS TRAITÉES.

DES PRIVILÉGES ET HYPOTHÈQUES.

Dispositions générales. — Insuffisance des contrats de garantie, en dehors du système hypothécaire.

But du système hypothécaire, historique, système du Code, loi de 1855 sur la transcription. Ce système de législation répond-il au but pour lequel il a été créé ?

3

Quels sont les biens susceptibles de priviléges et d'hypothèques ? Doute pour ceux que la loi n'a pas prévus (2099, 2118, 2119.)

Des priviléges sur les immeubles et de leur classement.

Les cinq priviléges spéciaux indiqués par l'art. 2103 ne peuvent-ils pas être réduits à trois principaux ?

Priviléges du vendeur. Par qui peut-il être exercé, pour quelles créances ?

Privilége des co-héritiers et des co-partageants. A qui peuvent-ils appartenir ? Sur quels biens s'étendent-ils et pour quelles créances ?

Privilége des architectes, etc., sur quoi porte-t-il ? A quelles formalités en est soumis l'exercice ?

Priviléges secondaires des bailleurs de fonds.

Classement des priviléges sur les immeubles : 1° priviléges généraux ; 2° priviléges spéciaux. Modifications apportées par la loi du 25 mars 1855.

Droit Commercial.

Des Sociétés en commandite et anonyme.

1º *De la société en commandite.*

La société en *commandite*, née dans l'antiquité, doit tous ses développements au moyen-âge. C'est là que nous trouvons principalement la cause de sa nécessité, dans le défaut des grandes fortunes, dans la crainte qu'avaient certaines personnes d'exposer leur nom et leur patrimoine tout entier aux hasards des spéculations, au peu de considération dont jouissait l'état de commerçant, et surtout dans l'abolition faite par le droit canonique du prêt à intérêt *propter usuris pecuniam.* Les capitalistes du moyen-âge ne voulant pas laisser leurs capitaux improductifs, trouvèrent bientôt par le contrat de *commande* un moyen d'échapper à la prohibition du prêt usuraire. Ils chargeaient un vaisseau de marchandises ; un capitaine était préposé pour en disposer à son gré, les vendre, mais sans pouvoir obliger son maître au-delà de leur valeur, ce que l'on exprimait ainsi : *Le capitaine peut engager la fortune de mer, jamais celle de terre.* Bientôt le principe fut appliqué à toute espèce de commerce et à l'argent lui-même. — Les possesseurs de capitaux avançaient des fonds aux industriels moyennant une large part dans le gain, sans être jamais tenus au delà de leur mise. Ils éludaient ainsi la prohibition, car ils touchaient leurs bénéfices, non pas *propter usuram pecuniæ*, mais comme compensation du risque que courait leur argent, *propter periculi pretium*, ce qui était permis.

L'ordonnance de 1673 consacra des règles spéciales à ces sociétés qu'il qualifia de *sociétés en commandite*.

C'est ainsi que cette société est passée dans le Code. D'après l'art. 23 du Code de Commerce, la *société en commandite* est celle qui se contracte entre un ou plusieurs associés responsables et solidaires, et un ou plusieurs associés simples bailleurs de fonds, que l'on nomme *commanditaires ou associés en commandite*.

Le Code a-t-il reçu cette société telle qu'elle existait au moyen-âge? — Oui et non. Aujourd'hui comme autrefois elle a les mêmes raisons d'être, elle tire toute sa force de l'alliance du capital et du crédit avec le talent et l'industrie, elle ne constitue pas un prêt réel, et le commanditaire pourra, sans tomber sous le coup de la loi du 3 septembre 1807, retirer de son capital un revenu plus fort que l'intérêt légal, toujours *propter periculi pretium*. Mais il y a aussi des différences : dans le moyen-âge c'était le *commanditaire* qui s'emparait d'un homme sans responsabilité, lui fournissait des fonds pour des opérations de commerce, en se réservant la plus grande part du bénéfice, paraissait ou se cachait, suivant que les actes de sa créature lui étaient avantageux ou nuisibles, et trouvait même le moyen, par une suite de contrats, de garantir son capital. En un mot, il faisait la loi et trompait en même temps son associé et le public; aussi cette société était vue avec défaveur. De nos jours, au contraire, ce sera plutôt le gérant qui trompera les commanditaires et le public. On le verra lancer de brillants prospectus, appeler à lui une foule de petits capitalistes crédules, consommer leur ruine, et se retirer sain et sauf du danger qu'il a seul procuré. Aussi depuis longtemps soulève-t-on de vives réclamations contre ce genre de société, et nous touchons, enfin, au moment où une loi, dont le projet a déjà paru, va tâcher de porter remède à ces graves dangers.

Dans toute société en commandite nous trouvons deux sortes de personnes engagées : les unes qui le sont indéfiniment, ce sont les *gérants;* les autres qui ne le sont que jusqu'à concurrence des capitaux fournis ou promis, ce sont les *commanditaires.* L'action des gérants est indéfinie, les ressources à fournir par les capitalistes indéterminées; on ne trouve aucun obstacle législatif, aucune formalité administrative qui viennent leur imposer une limite; c'est là le caractère de cette société; c'est là sa nature difficile, embarrassante; car cette illimitation, tout en rendant cette société propre à réaliser les plus grandes opérations commerciales, lui donne en même temps la facilité d'amener de grandes catastrophes qui ne sont que trop fréquentes.

Deux éléments se présentent toujours dans cette société : *Le capital et l'industrie.* Mais que déciderons-nous malgré la présence de ces éléments : 1° Si les parties n'ont pas qualifié la société dans le contrat; 2° Si la clause est ambiguë? — Dans les deux cas, nous nous prononcerons en faveur des tiers pour la société ordinaire contre la société en commandite, de façon qu'à leur égard tous les associés soient responsables; mais pour ce qui concerne les associés entr'eux, s'il y a une clause, quoique ambiguë, nous lui laisserons son effet. Dans ce deuxième cas cependant, le caractère du commanditaire pourra faire supposer l'existence de la société en commandite à l'égard des tiers, mais ce sera une exception bien rare.

Toute société en commandite, quoiqu'ayant un gérant, forme une personne juridique investie de droits actifs et passifs distincts de ceux des associés; comme la société ordinaire, elle agit sous une raison sociale, où ne peuvent figurer que les noms des associés indéfiniment responsables et contraignables par corps. Tout commanditaire dont le nom se trouverait dans la raison sociale, serait par cela seul assimilé aux premiers, dans l'intérêt des tiers.

Les commanditaires sont exclus d'une manière absolue de l'administration de la société, qui appartient aux associés gérants ou solidaires. Cela résulte expressément des art. 27 et 28 du Code de commerce.

Le motif de cette sévérité provient probablement de ce que ces associés n'étant tenus que pour partie, on a craint de les voir se livrer, dans l'espoir d'un plus grand gain, à des spéculations trop hasardeuses. Ainsi le commanditaire ne pourrait pas agir pour la société en vertu d'un mandat ; il ne pourrait pas être commissionnaire, soit pour les achats, soit pour les ventes, quoique dans ce dernier cas, il y ait un peu de doute, etc. Nous croyons cependant qu'il faut distinguer l'immixtion proprement dite de tout autre acte qui n'implique en quelque sorte que l'action matérielle du commanditaire, et ne peut induire les tiers en erreur. Nous croyons, par exemple, qu'un commanditaire peut être commis pour les écritures ; que se trouvant même à passer par hasard dans une ville éloignée, il peut recevoir mandat de toucher un paiement, mais sans pouvoir poursuivre en cas de contestation, etc.

S'il y a immixtion de sa part, quoiqu'autorisé par le gérant, le commanditaire est tenu solidairement, indéfiniment, comme un associé principal ; la loi est formelle. Mais cet effet se produira-t-il d'une manière absolue ? Non, ce ne sera qu'en faveur des tiers ; car ceux-ci ont pu être trompés par l'apparence, tandis qu'il n'a pas pu y avoir d'erreur entre les co-associés dont l'état reste le même ; aussi aura-t-il une action récursoire contre les associés solidaires, s'il a payé pour eux. Toutefois, s'il a agi indépendamment, par sa seule volonté, dans son seul intérêt, nous le déclarerions responsable, sans recours.

Le commanditaire autorisé devenu solidaire et tenu personnellement, sera-t-il réputé commerçant ? Ce sera là une affaire de circonstances ; il ne le sera pas s'il ne fait qu'un acte de commerce, il le sera et en supportera toutes les conséquences, s'il en fait plusieurs.

Il résulte de tout ce que nous venons de voir que le commanditaire, qui ne se mêle pas à la gestion, n'est pas tenu au-delà de la mise qu'il a versée ou promise à la société. Si les fonds sont encore dûs, les créanciers de la société ne pourront en poursuivre le paiement qu'autant que les gérants n'exécuteront pas leurs engagements et que la société aura été déclarée en faillite.

Que reste-t-il aux commanditaires ainsi exclus de la gestion pour surveiller leurs intérêts? Ils ont le droit de contrôle sur les actes du gérant, et peuvent le destituer, s'il agit contrairement aux intérêts de la société.

Les commanditaires sont-ils tenus, après la faillite de la société, de rapporter les bénéfices qu'ils ont perçus, pour rétablir le capital social? Ordinairement on fait un inventaire chaque année, et les bénéfices sont distribués. Il faut distinguer si les commanditaires reçoivent des bénéfices réels, c'est-à-dire des revenus du capital qu'on laisserait intact, ou bien des bénéfices *fictifs*, comme par exemple : si on donnait à chaque commanditaire, en vertu d'une clause du contrat, dix pour cent du dividende à titre de bénéfice. Dans le premier cas, pas de rapport; dans le deuxième, comme les commanditaires seront le plus souvent de bonne foi et pourront croire, en touchant ces dix pour cent, percevoir les bénéfices de la société, nous ne les soumettrons en général au rapport que lorsqu'ils auront pu facilement se convaincre de l'état de la société et surveiller ses opérations.

La loi autorise formellement la division en actions du capital de la société en commandite; le fonds social est ainsi divisé en un certain nombre de fractions égales, qui, réunies ensemble, en forment le total. L'avantage de cette division est que les actions, quoique nominatives, peuvent être facilement cédées (art. 36); chaque associé au besoin peut rentrer dans ses déboursés.

Nous croyons, par la rédaction de l'art. 28, quoique la question soit assez controversée, que le capital de la société en commandite pourra être divisé en actions au *porteur*; néanmoins nous trouvons de grands inconvénients dans cette règle, et il serait à désirer que la loi nouvelle vint y porter remède.

L'acte constitutif de cette société doit être rédigé par écrit; la preuve n'en peut être reçue autrement, même pour une somme inférieure à 150 fr. ; mais il n'est pas absolument nécessaire qu'il soit sous forme authentique, il peut être passé sous seing-privé, en se conformant à l'art. 1325 du Code Napoléon, sur la nécessité des *doubles*. Il est également soumis à la publicité, art. 42, 43, 44. La formalité principale qu'indiquent ces articles, est que l'extrait de cet acte doit être notifié au public sous peine de nullité, et lui donner connaissance de toutes les clauses qui l'intéressent.

L'art. 43 n'exige pas que cet extrait contienne les noms des commanditaires ; il nous semble cependant que cette insertion serait d'une grande utilité.

Nous avons signalé quelques-uns des graves dangers qui peuvent naître de cette société. Il serait trop long de chercher les remèdes qu'il faut appliquer à chacun pour le prévenir. Mais qu'il nous soit permis de dire, en terminant, qu'on ne saurait jamais employer trop de prudence, se livrer à trop d'examen, trop de soins, avant de se jeter dans les liens d'une société en commandite.

2° De la Société anonyme.

La société *anonyme* est celle dans laquelle *tous* les associés sont inconnus du public et n'engagent que leur mise. C'est plutôt une société de capitaux que de personnes ; et jusque là les associés ont un grand rapport avec les commanditaires.

Cette société consiste dans la réunion d'immenses ressources ; elle a pour but de répondre à des besoins considérables, tels que la construction des chemins de fer, la canalisation, le desséchement des marais, etc. , besoins auxquels le capital individuel ne pourrait jamais satisfaire; aussi, comme personne n'est à même de s'engager indéfiniment, il en résulte que cette société n'a pas de *raison sociale* et n'est connue que par le nom de son établissement, ou par toute autre dénomination plus ou moins bizarre, arbitrairement choisie.

La société anonyme est une personne morale, un être de raison, comme la société en commandite, et en cela elle se distingue de la société en participation, avec laquelle on l'a confondue quelquefois.

La société anonyme, nous l'avons dit, a un capital déterminé, ne peut rien engager au-delà, et peut néanmoins réaliser des bénéfices indéfinis. C'est là une anomalie, il est vrai ; mais elle se justifie par le danger que court le capital social, et les grands efforts qu'exige une pareille société. Cependant, pour que le capital soit en rapport avec le but que se propose la société, pour que la confiance qu'elle peut inspirer ne soit pas une apparence, un faux appât pour les tiers, elle est soumise à l'autorisation du chef de l'État qui doit approuver, sous peine de nullité, l'acte constitutif de cette société, après examen sérieux et pleine connaissance de cause. (Art. 37).

Ces sociétés, avant d'être soumises au contrôle du gouvernement, doivent être rédigées par acte public, elle ne peuvent pas exister autrement. (Art. 40 , C. de Com.)

Qu'arrivera-t-il si après la confection de l'acte, mais avant l'autorisation, des associés veulent se retirer ou si la société contracte des engagements ? Nous pensons que l'autorisation n'est requise que dans l'intérêt du public et que les associés sont suffisamment liés par l'acte ; ils le seront conditionnellement, il est vrai, mais si l'autorisation leur est accordée, ils ne pourront pas se retirer et devront remplir leurs engagements. Il y aurait exception, toutefois, si la société avait été modifiée, et nous verrions alors dans ce cas une question d'appréciation, de circonstances. Nous reconnaissons d'ailleurs que dans les deux cas, il y a un peu d'imprudence à résoudre la question en thèse.

Cette société sera-t-elle soumise aux mêmes conditions de publicité que la société en commandite et en nom collectif ? Non, il n'y a pas le même intérêt, et nous croyons que l'insertion qui est faite au *Moniteur*, du pacte social, est une cause de publicité suffisante.

Comment interpréterons-nous les clauses de ce contrat ? Le but et la nature de ces sociétés nous sont connus ; ils s'adressent à l'intérêt général , par conséquent , il arrivera quelquefois que nous devrons sacrifier à l'*intérêt de tous* l'intérêt de chacun et même l'équité.

La société anonyme fonctionne et agit par des employés à temps , révocables , associés ou non associés , salariés ou gratuits (art. 31 Cod. de Comm.) Elle est représentée par un directeur qui agit sous l'autorité d'un *conseil de surveillance* ou d'administration, composé de quelques actionnaires. Ce conseil doit assister le directeur (ou les directeurs s'il y en a plusieurs) dans les moments graves et figurer avec lui dans certains actes prévus par les statuts. Le directeur ou gérant ne peut pas engager les associés au-delà du capital déterminé ; il ne contracte jamais, à raison de sa gestion, d'obligation personnelle ou solidaire, relativement aux engagements de la société, et il ne répond que de l'exécution de son mandat (art. 32.) Il peut émettre des actions nouvelles, avec l'autorisation de l'*assemblée générale* des actionnaires. C'est dans ces assemblées que sont contrôlées les opérations des mandataires, que l'on reçoit le compte des administrateurs et qu'on fait la répartition des bénéfices. Il y a aussi ordinairement attaché à cette société, un *conseil judiciaire*, composé de jurisconsultes, chargés de donner leur avis sur les difficultés contentieuses concernant la société.

La société en *commandite* peut avoir de commun avec celle-ci la *gérance* , le *conseil de surveillance* , les *assemblées générales* et le *conseil judiciaire*.

Le capital de la société anonyme se divise en actions ou coupons d'actions d'une valeur égale.

Les actions peuvent être *nominatives* , *actions au porteur* et *actions à ordre*.

La propriété s'en transmet suivant les formalités des art. 36 pour les actions nominatives, 35 pour les actions au porteur, et par l'*endossement* pour les actions à ordre.

Peut-on , soit dans la société en commandite, soit dans la société anonyme , convenir que les associés pourront se retirer de la société après avoir versé une partie du capital, sans être obligés de donner le surplus? — On conçoit que cela puisse se faire dans la société en commandite où le public est garanti par la responsabilité des gérants; mais nous ne l'admettrons pas pour la société anonyme, malgré la pratique de chaque jour, parce que le public n'a contracté qu'en vue du capital annoncé, et ce capital doit, dès lors, se trouver dans la société, si on ne veut s'exposer à la voir tomber dans le discrédit.

Droit Administratif.

Quelle différence y a-t-il entre le pouvoir gracieux et le pouvoir contentieux ?

Pour bien préciser la nature de notre pouvoir exécutif et nous rendre compte des limites de son action, nous avons cru devoir le diviser en *pouvoir exécutif pur* et *administration active*. Le premier constitue l'action gouvernementale dans sa plus haute sphère de souveraineté ; c'est le chef de l'Etat faisant des traités de paix et de guerre, des lois par délégation du pouvoir législatif, nommant et destituant les fonctionnaires publics ; faisant des réglements généraux d'ordre, de police et de sûreté, etc., en un mot, n'appliquant son action qu'à des généralités, sans se préoccuper presque jamais des individus.

L'*administration active*, au contraire, est toujours en contact avec les personnes; elle protège dans son action les intérêts généraux, en surveillant les actes de chaque citoyen. C'est spécialement de l'*administration active* que nous avons à nous occuper ici.

Cette matière embrasse deux parties principales, et nécessite par conséquent une subdivision que nous lui appliquerons par la nature même des choses. L'administration active, d'après nous, sera donc cette partie de l'action gouvernementale, descendant au dernier degré de son échelle pratique, et appliquant l'intérêt général, qui est toujours de son domaine, à des cas spéciaux en opposition avec une action individuelle ; cela lui est permis, car l'intérêt spécial doit se courber devant l'intérêt de tous.— Seulement, il arrivera que l'administration active ainsi exercée ne fera quelquefois que priver un citoyen des avantages qu'il aurait retirés d'actes administratifs autrement appliqués, et que d'autres fois elle viendra, au contraire, non pas lui enlever des avantages espérés, mais le blesser dans sa propriété, dans ses droits. Toutes les fois que l'administration active touchera à des *intérêts*, qu'elle provoquera des réclamations, nous l'appellerons administration active au *premier chef* ou *pouvoir gracieux*; toutes les fois qu'elle blessera des droits, administration active au *deuxième chef*, ou pouvoir *contentieux*. En d'autres termes, y a-t-il *intérêt*, la matière est *gracieuse*, c'est-à-dire que le pouvoir qui a fait l'acte peut le maintenir, sans qu'il y ait un recours contentieux ; y a-t-il *droit*, la matière est *contentieuse*, le recours est admis contre l'acte. — Pour bien nous faire comprendre, nous allons exposer ce que nous entendons par le mot *intérêt* et par le mot *droit ;* car c'est sur ces deux mots *intérêt* et *droit*, que repose notre doctrine de la compétence administrative.

En droit civil, le mot intérêt est souvent synonyme de droit : ainsi, quand on dit : cette personne a un *intérêt* dans telle exploitation, dans telle entreprise, elle a *intérêt* à ce que telle action soit introduite, *intérêt* est ici synonyme de *droit*. Mais en matière administrative, au contraire, l'*intérêt* c'est l'absence du *droit*. Il y aura intérêt quand une personne sollicitera une grâce, une faveur, une concession. L'*intérêt* résultera pour un individu de l'avantage qu'il trouvera dans l'exécution ou le refus d'une mesure administrative. Or nous avons dit que lorsqu'il y aurait simplement intérêt, la mesure serait gracieuse ; on peut comprendre, en effet, que cet intérêt soit froissé, que la demande soit refusée, sans qu'il y ait lieu à un débat contentieux.

Quant au *droit*, pour bien faire connaître son caractère, nous le diviserons en *droit proprement dit* ou *primitif*, et en *droit acquis*. Le premier est celui qui est inhérent à la qualité de propriétaire, de Français, de citoyen, c'est l'appréciation des prérogatives de tout individu. On ne peut jamais toucher à ce droit sans qu'il s'élève un *recours au contentieux*. Le *droit acquis* est celui qui résulte de l'exécution ou de la concession d'actes administratifs purement discrétionnaires ; il y aura bien recours au contentieux, si l'administration ayant une fois accordé la faveur sollicitée, vient ensuite à y toucher, et nous lui appliquerons ce vieil adage « donner et retenir ne vaut ; » mais, quoiqu'un *droit acquis* soit tout aussi respectable qu'un *droit primitif*, il y aura néanmoins une différence d'appréciation, en ce que ce droit, résultant d'un acte administratif, il serait quelquefois contraire aux principes de la séparation des pouvoirs d'en abandonner l'application ou l'interprétation au pouvoir judiciaire. Ainsi donc, la contestation sur un droit quelconque donne naissance au contentieux.

Mais qu'arrivera-t-il si les principes que nous venons d'exposer nous démontrant l'existence d'un *droit*, la loi déclare la *matière gracieuse* ; ou si nous n'apercevons qu'un *intérêt* et que la loi déclare la *matière contentieuse* ?

Ceci ne devra nullement nous surprendre ; il est peu de sciences qui supportent des règles tellement générales qu'elles n'admettent aucune exception ; on dit au contraire que l'exception confirme la règle. Aussi, sans nous émouvoir de ce qui pourrait paraître une anomalie avec les principes que nous venons d'exposer, nous verrons là une exception formulée par la loi qui est toute-puissante dans sa volonté, et nous donnerons à cette exception le nom de *déclassement*. Mais si la loi ne s'explique pas , nous recourrons toujours à nos principes pour distinguer le *gracieux* du *contentieux.*

Il ne manquerait plus pour accomplir notre tâche que de citer une foule de lois .à l'appui du principe que nous venons d'exposer , mais le nombre en est tellement grand , que nous sommes embarrassé sur le choix. Nous nous réservons d'en signaler quelques-unes dans la discussion.

Cette Thèse sera soutenue , en séance publique , dans une des salles de la Faculté, le 8 juillet 1856.

Vu par le Président de la Thèse ,

DUFOUR.

Toulouse , Imprimerie Troyes OUVRIERS RÉUNIS, rue St-Pantaléon, 5.